Le Canada vu de près

MW00907859

Nunavut

Carrie Gleason

**Texte français de
Claudine Azoulay**

Crédits pour les illustrations et les photos :
Page couverture : Hans Blohm/Masterfile; p. i : Arctic-Images/SuperStock; p. iii : Gordon Wiltsie/
National Geographic Stock; p. iv : (en haut) Fletcher & Baylis/Photo Researchers, Inc., (centre)
iStockPhoto.com; p. 2 : John Dunn/Arctic Light/National Geographic Stock; p. 3 : Bryan & Cherry
Alexander Photography/Alamy; p. 4 : AirScapes/Paul Nopper; p. 6 : (en haut) Paul Nicklen/National
Geographic Stock, (en bas) Atlaspix/Shutterstock Inc.; p. 7 : R. Tanami/Ursus; p. 8 : (en haut) Hemis/
Alamy, (en bas) Ralph Roach/Shutterstock Inc.; p. 9 : (en haut) Sideyman/Dreamstime.com, (en bas)
iwka/Shutterstock Inc.; p. 10 : (centre) Vinicius Tupinamba/Shutterstock Inc., (en bas) Nick Norman/
National Geographic Stock; p. 11 : Rob Howard/Corbis; p. 12 : Galen Rowell/Mountain Light/Alamy;
p. 13 : tbkmedia.de/Alamy; p. 14 : Interfoto/Alamy; p. 15 : Tamara Kulikova/Shutterstock Inc.;
p. 16 : The London Art Archive/Alamy; p. 17 : Wolfgang Kaehler/Alamy; p. 18 : Hulton-Deutsch
Collection/Corbis; p. 19 : R. Tanami/Ursus; p. 20 : Margaret Bourke-White/Time Life Pictures/Getty
Images; p. 21 : D.B. Marsh/Bibliothèque et Archives Canada/e007914440; p. 23 : Carlo Allegri/AFP/
Getty Images; p. 24 : (en haut) B&C Alexander/First Light, (en bas) Wolfgang Kaehler/Alamy;
p. 25 : Bibliothèque et Archives Canada, Acc. Nᵒ R9266-2127 Peter Winkworth Collection of Canadiana;
p. 26 : Yvette Cardozo/Maxx Images; p. 27 : Brian Summers/First Light; p. 28 : Ron Haufman;
p. 29 : (en haut) John Foster/Masterfile, (en bas) Bryan & Cherry Alexander/Photo Researchers, Inc;
p. 30 : (en haut) Vladimir Melnik/Shutterstock Inc., (en bas) B&C Alexander/First Light; p. 31 : (en haut)
Tischenko Irina/Shutterstock Inc., (en bas) B&C Alexander/First Light; p. 32 : Yvette Cardozo/Maxx
Images; p. 33 : (en haut) Eleonora Kolomiyets/Shutterstock Inc., (en bas) CP PHOTO/Jeff McIntosh;
p. 34 : (en haut) Danita Delimont/Alamy, (en bas) Bryan & Cherry Alexander Photography/Alamy;
p. 35 : Michael Melford/National Geographic Stock; p. 36 : B&C Alexander/First Light; p. 37 : Bryan &
Cherry Alexander Photography/Alamy; p. 38 : B&C Alexander/First Light; p. 39 : B&C Alexander/First
Light; p. 40 : Staffan Widstrand/Corbis; p. 41 : AP Photo/Fort McMurray Today/Carl Patzel;
p. 42 : CP Photo/Nathan Denette; p. 43 : (en haut) gracieuseté de la collection Everett/CP Photos, (en bas)
Judith Eglington/Judith Eglington fonds/PA-140297. Reproduit avec la permission de Bibliothèque et
Archives Canada; 4ᵉ de couverture : copyright © Jupiterimages Corporation, 2009.

Produit par Plan B Book Packagers
Conception graphique : Rosie Gowsell-Pattison
Nous remercions particulièrement Terrance Cox, consultant, rédacteur et professeur auxiliaire à
l'Université Brock; Adrianna Morganelli; Tanya Rutledge; et Jim Chernishenko.

Catalogage avant publication de Bibliothèque et Archives Canada
Gleason, Carrie, 1973-
Nunavut / Carrie Gleason ; texte français de Claudine Azoulay.

(Le Canada vu de près)
Comprend un index.
Traduction de l'ouvrage anglais du même titre.
ISBN 978-0-545-98925-1

1. Nunavut--Ouvrages pour la jeunesse. I. Azoulay, Claudine
II. Titre. III. Collection: Canada vu de près
FC4311.2.G5414 2009   j971.9'5   C2009-901997-3

Édition publiée par les Éditions Scholastic, 604, rue King Ouest, Toronto (Ontario) M5V 1E1.

6 5 4 3 2 1   Imprimé au Canada   09 10 11 12 13 14

Table des matières

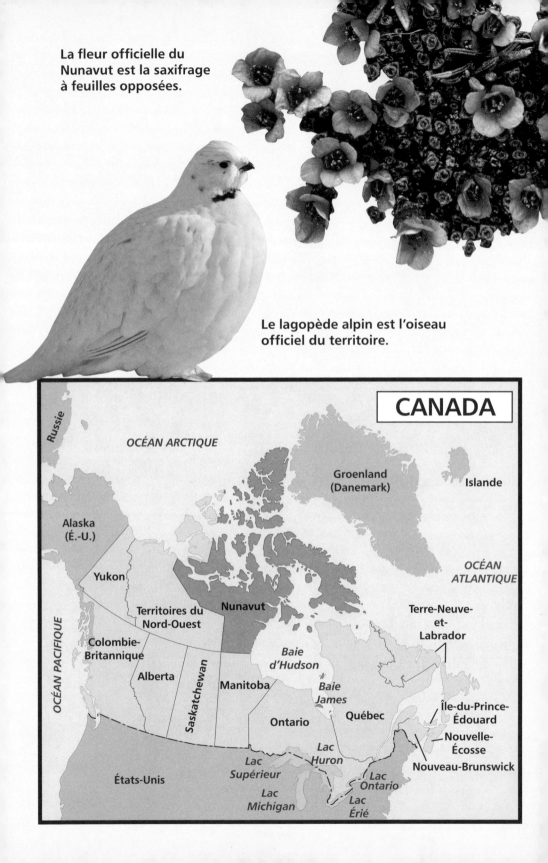

La fleur officielle du Nunavut est la saxifrage à feuilles opposées.

Le lagopède alpin est l'oiseau officiel du territoire.

CANADA

Russie

OCÉAN ARCTIQUE

Groenland (Danemark)

Islande

Alaska (É.-U.)

Yukon

OCÉAN ATLANTIQUE

Territoires du Nord-Ouest

Nunavut

Terre-Neuve-et-Labrador

OCÉAN PACIFIQUE

Colombie-Britannique

Baie d'Hudson

Alberta

Saskatchewan

Manitoba

Baie James

Île-du-Prince-Édouard

Ontario

Québec

Nouvelle-Écosse

Lac Huron

Nouveau-Brunswick

Lac Supérieur

Lac Ontario

États-Unis

Lac Michigan

Lac Érié

Bienvenue au Nunavut!

Bienvenue dans le territoire le plus récent du Canada! Le Nunavut a été créé le 1er avril 1999. C'est là que vivent les Inuits du Grand Nord. Dans leur langue, l'inuktitut, Nunavut signifie « notre terre ».

« Notre terre » est constituée de la toundra aride et des îles de l'est de l'Arctique canadien. Il faut avoir des habiletés et des connaissances particulières pour vivre dans cet environnement froid. Le territoire comprend un peu plus de 31 000 habitants, et la plupart des résidents sont Inuits. Leurs ancêtres avaient l'expérience de la terre et laissaient des messages sous forme d'empilements de roches appelés inuksuit, lesquels sont devenus les symboles du Nord.

La vie moderne se traduit par un mélange de coutumes anciennes et nouvelles. Aujourd'hui, la plupart des Inuits vivent dans de petites communautés permanentes et ne restent plus « sur la terre » comme leurs ancêtres. Ils dépendent encore des animaux terrestres et marins. En lisant ce qui suit, tu comprendras pourquoi le Nunavut a pour devise « notre terre, notre force ».

Chapitre 1
Au nord
du 60ᵉ parallèle

Les habitants du Nunavut s'appellent les Nunavummiut ou les Nunavois. La majorité du Nunavut se situe au nord du 60ᵉ degré de latitude nord. Le territoire se compose de deux régions : la zone continentale de l'Arctique et les îles de l'est de l'Arctique.

Les motoneiges sont aussi courantes que les automobiles à Qikiqtarjuaq, une collectivité insulaire située sur la côte est de l'île de Baffin.

L'archipel Arctique

Un archipel est un groupe d'îles. L'archipel Arctique est l'un des plus grands au monde. Il compte des milliers d'îles de différentes dimensions, situées dans l'océan Arctique. La plupart d'entre elles appartiennent au Nunavut. Les autres font partie des Territoires du Nord-Ouest, le voisin du Nunavut, à l'ouest. Certaines îles, comme l'île Victoria et l'île Melville, appartiennent conjointement aux deux territoires.

L'île de Baffin est la plus grande île du Nunavut... et du Canada. Elle abrite aussi la capitale du territoire, Iqaluit. L'île d'Ellesmere est celle qui est le plus au nord. Le Nunavut comprend aussi le groupe des îles de la Reine-Élisabeth, l'île Devon et l'île Axel Heiberg ainsi que toutes les îles de la baie d'Hudson et de la baie James!

Un glacier serpente à travers le col Akshayuk, dans le parc national Auyuittuq, sur l'île de Baffin.

Montagnes et glace

La cordillère arctique est une série de chaînes de montagnes qui part de l'île d'Ellesmere au nord et longe la côte est de l'île de Baffin. Ces montagnes comptent parmi les plus hautes du Canada et sont les seules montagnes importantes dans l'est du pays.

Dans les montagnes les plus au nord, la température estivale moyenne n'est que de –2 degrés Celsius. Certaines montagnes sont recouvertes de calottes glaciaires en permanence, comme la calotte Agassiz, sur la côte nord de l'île d'Ellesmere. Les calottes glaciaires sont de grandes plaques de glace laissées par la dernière **période glaciaire**. On en trouve aussi plus au sud. La calotte glaciaire Barnes, sur l'île de Baffin, est la plus ancienne du Canada. Elle a plus de 18 000 ans!

D'autres montagnes sont des rochers dénudés ou sont couvertes de **glaciers**. Un glacier est différent d'une calotte glaciaire. En effet, un glacier ne se déplace que dans une seule direction et se trouve en général dans une vallée, tandis qu'une calotte glaciaire coule dans toutes les directions. L'île Bylot, au large de la côte nord de l'île de Baffin, est presque entièrement recouverte de glaciers. Les îles de l'Arctique comptent des milliers de glaciers.

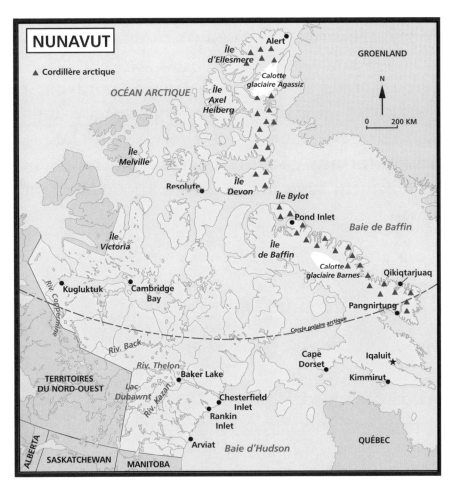

NUNAVUT

▲ Cordillère arctique

OCÉAN ARCTIQUE

Île d'Ellesmere

Alert

GROENLAND

Calotte glaciaire Agassiz

Île Axel Heiberg

N

0   200 KM

Île Melville

Resolute

Île Devon

Île Bylot

Pond Inlet

Baie de Baffin

Île Victoria

Île de Baffin

Calotte glaciaire Barnes

Qikiqtarjuaq

Riv. Coppermine

Kugluktuk

Cambridge Bay

Pangnirtung

Cercle polaire arctique

Riv. Back

Cape Dorset

Iqaluit

Riv. Thelon

Baker Lake

Kimmirut

TERRITOIRES DU NORD-OUEST

Lac Dubawnt

Riv. Kazan

Chesterfield Inlet

Rankin Inlet

QUÉBEC

ALBERTA

Arviat

Baie d'Hudson

SASKATCHEWAN

MANITOBA

Les narvals, regroupés ici dans un chenal d'une île de l'Arctique, vivent dans l'Arctique toute l'année. C'est aussi le cas des baleines boréales et des bélugas. En été, les épaulards, les baleines bleues et les cachalots migrent dans ces eaux.

Les basses-terres de l'Arctique

Pour la plupart, les îles de l'Arctique sont plates et rocheuses, coupées de collines basses et de longues crêtes de gravier. Les îles du nord-ouest constituent l'une des régions les plus sèches du Canada. Ce secteur est un désert polaire. Les **précipitations** y sont rares et la température y est tellement basse que la glace existante ne fond jamais.

Un grand nombre de chenaux et de passages coulent entre les îles. Quand l'eau gèle en hiver, il se forme un immense univers de glace.

Phoques et morses nagent dans ces eaux glaciales. Les phoques annelés sont la principale source de nourriture des ours polaires présents partout dans l'Arctique, tant sur terre que dans l'eau.

La zone continentale de l'Arctique

La zone continentale de l'Arctique et l'île de Baffin appartiennent au Bouclier canadien, un relief recouvrant la majeure partie de l'est du Canada. Ce relief s'est formé il y a des milliards d'années et il renferme l'une des roches les plus anciennes et les plus riches en minéraux au monde.

Le sol a été façonné par les glaciers durant la dernière période glaciaire. Ils ont sculpté de nombreux lacs et rivières. Le plus grand lac de la région continentale est le lac Dubawnt. Certaines rivières, comme la Back et la Coppermine, se jettent dans l'océan Arctique, tandis que les rivières Thelon et Kazan débouchent sur la baie d'Hudson. Il y a tellement de petits lacs et rivières que certains d'entre eux n'ont jamais reçu de nom.

La rivière Tree serpente à travers la zone continentale et se jette dans l'océan Arctique.

Sur l'île Axel Heiberg, à l'extrême nord, on a trouvé des restes d'arbres fossilisés. Cette découverte indiquerait qu'il y a 45 millions d'années, cette île arctique avait un climat suffisamment chaud pour favoriser la présence d'une forêt luxuriante!

La région la plus au sud de la zone continentale du Nunavut est boisée. Il y pousse des épinettes, peupliers, trembles et bouleaux. Orignal, castor, rat musqué, renard, loup gris et ours noir peuplent ces forêts. Quand on monte vers le nord, les arbres rapetissent, les forêts sont moins denses et la toundra domine le paysage. Cette zone particulière s'appelle la limite forestière.

Les loups gris se promènent dans les forêts du sud du Nunavut.

Toundra et pergélisol

La majeure partie du Nunavut est recouverte de toundra. La toundra est une zone où le sol est gelé et aride. Aucun arbre ne peut y pousser, car les racines sont incapables de pénétrer le pergélisol, soit la couche de sol gelé présente sous la surface. En général, la couche de sol supérieure dégèle en été. Ce dégel permet aux plantes, tels les bouleaux nains, lichens et mousses, de pousser. Ces plantes étalent leurs branches sur le sol pour se protéger des vents violents. Des baies, comme la camarine, le bleuet, la busserole alpine et la canneberge, poussent même si le sol est gelé.

D'immenses troupeaux de caribous migrent à travers la toundra et se nourrissent de lichens. Le caribou de Peary vit sur les îles de l'Arctique. En été, le bœuf musqué, au pelage laineux, se nourrit d'herbes présentes autour des lacs et dans les prés.

La canneberge pousse dans les marécages de la toundra.

Une terre d'hiver

Le Nunavut est la région la plus froide du Canada. L'hiver y dure neuf mois. Les côtes est de l'île de Baffin et de l'île d'Ellesmere reçoivent la plus grande quantité de neige au pays. Par contre, la plus grande partie du territoire reçoit très peu de précipitations. En hiver, la température chute souvent au-dessous de -30 degrés Celsius.

Les étés sont courts; ils durent environ deux mois. La température moyenne est de 9 degrés Celsius, ce qui permet à la neige et à la glace de fondre et, en conséquence, forme des zones humides. L'eau reste en surface puisqu'elle est incapable de s'infiltrer dans le sol gelé du pergélisol. L'environnement est alors idéal pour la prolifération de milliards de moustiques et de mouches noires. Ces nuées d'insectes procurent de la nourriture à des millions d'oiseaux **migrateurs**, qui viennent se reproduire dans les zones humides chaque été.

En été, le Nunavut est baigné de lumière... même la nuit! Pour cette raison, l'Arctique a été surnommé « la terre du soleil de minuit ». Au plein cœur de l'hiver, l'obscurité persiste 24 heures sur 24.

Particularités du Nunavut

- Le Nunavut est le plus grand des territoires et provinces. Il couvre une superficie de 2 093 190 km carrés, soit 21 % de la superficie totale du Canada.

- Le pic Barbeau, sur l'île d'Ellesmere, est le point culminant du Nunavut (2 616 mètres).

- Le lac Nettilling, sur l'île de Baffin, est le lac d'eau douce le plus grand du territoire. Il reste gelé presque toute l'année.

Chapitre 2
La création du Nunavut

Aujourd'hui, environ 85 % des habitants du Nunavut sont des Inuits. Le mot *inuit* signifie « les êtres humains ». Les ancêtres des Inuits et ceux qui les ont précédés ont été les premiers à apprendre à chasser, à faire de la trappe et à survivre à l'hiver arctique.

Les autres habitants sont des *qallunaat*, ou non-Inuits, qui sont venus du Sud pour travailler dans cette région.

Les premiers habitants

Des gens venus de Sibérie ont migré sur les côtes nord de l'Alaska et se sont établis, il y a environ 4 000 ans, dans ce qui est aujourd'hui le Nunavut. Les Inuits appellent ces gens *Sivullirmiut*, ou premiers habitants. Ceux-ci utilisaient des armes de pierre pour chasser le caribou, le phoque et le morse.

Le réchauffement de l'Arctique

L'Arctique a vécu des périodes de gel et de dégel, ce qui a amené de nouveaux habitants dans la région, dont les Dorsétiens, que les Inuits appelaient *Tuuniit*, c'est-à-dire « les géants ». Lors d'une période de réchauffement, aux environs de l'an 1000 de notre ère, les Thulé ont quitté l'Alaska pour se rendre au Nunavut. Dans des bateaux en peau de phoque, ils chassaient les baleines et d'autres grands animaux marins. Sur terre, ils se déplaçaient en traîneaux à chiens. Ils bâtissaient des maisons de neige, comme les Dorsétiens l'avaient fait avant eux.

Pendant presque toute l'année, les Thulé vivaient le long des côtes, dans de petits villages. Quand une autre période de refroidissement a débuté dans les années 1600 et que, par conséquent, les baleincs sont devenues rares, ils ont chassé le phoque et le morse et se sont déplacés vers l'intérieur des terres pour chasser aussi le caribou. Ce changement de mode de vie marque le début de la culture inuite.

Vestiges et reconstitution partielle d'une maison d'été des Thulé près de Resolute

Les Vikings

À peu près à la même époque où les Thulé arrivaient de l'ouest, les Vikings sont arrivés de l'est. Partis de Scandinavie, les Vikings ont navigué jusqu'au Groenland, où ils ont fondé une **colonie** en 985 de notre ère. Les histoires vikings, appelées sagas, parlent de la terre qu'ils ont découverte et baptisée *Helluland* ou « terre des pierres plates ». Aujourd'hui, cette terre porte le nom d'île de Baffin.

Le passage du Nord-Ouest

Plus de 500 ans après les Vikings, les Européens ont fait leur seconde apparition dans l'Arctique. Il s'agissait d'explorateurs venus d'Angleterre, à la recherche d'une route maritime vers le Pacifique, appelée passage du Nord-Ouest.

Martin Frobisher

En 1576, l'explorateur britannique Martin Frobisher a débarqué à Iqaluit, sur l'île de Baffin. À la suite d'une bataille entre cinq membres de son équipage et les Inuits locaux, Frobisher a kidnappé un Inuit et est retourné avec lui en Angleterre, où l'homme est mort.

Frobisher est retourné dans l'Arctique l'année suivante pour y chercher de l'or. Il est reparti en Angleterre avec 200 tonnes de roche et une famille inuite : le père, la mère et un enfant. Les trois sont morts de maladies contre lesquelles ils n'avaient pas d'**immunité**. Et ce que Frobisher avait découvert n'était pas de l'or, mais un métal appelé pyrite de fer, aussi surnommée « l'or du sot ».

D'autres tentatives

Le voyage de Frobisher a conduit beaucoup de gens à croire qu'on pouvait trouver un passage dans l'Arctique. À partir de 1585, John Davis a fait trois voyages dans les eaux arctiques et a cartographié certains secteurs de la côte de l'île de Baffin. Au début des années 1600, Henry Hudson a navigué au sud de l'île de Baffin et a découvert ce qui est aujourd'hui la baie d'Hudson. Quand son équipage s'est arrêté pour faire du commerce avec les Inuits, près de l'île Digges, une bataille a éclaté et certains marins anglais ont été tués.

D'autres explorateurs, comme William Baffin et Robert Bylot, ont poursuivi les voyages d'Hudson, mais ils ont conclu que la glace arctique rendait le passage impossible.

Traverser l'Arctique

Deux siècles plus tard, John Franklin a cartographié les deux tiers de la côte de l'Arctique. En 1845, il y est retourné avec deux bateaux, *Terror* et *Erebus*, afin de trouver le passage du Nord-Ouest. À la fin de 1846, les bateaux ont été pris dans la glace. De nombreuses expéditions de secours n'ont pas réussi à les retrouver. Cependant, on a découvert que Franklin était décédé en juin 1847 et qu'au printemps 1848, 24 hommes étaient morts. Les 105 autres hommes ont quitté les bateaux et marché vers le sud. Personne n'a survécu. Certains restes humains gelés laissent croire qu'ils sont morts de faim, du scorbut ou d'empoissonnement au plomb causé par la nourriture en conserve.

Finalement, en 1906, l'explorateur norvégien Roald Amundsen a réussi à atteindre l'océan Pacifique par le passage du Nord-Ouest.

L'expédition de Franklin

Traditionnellement, les chasseurs inuits utilisaient des kayaks et des harpons pour chasser les phoques, les oiseaux et les caribous.

La chasse à la baleine

Au début des années 1800, Européens et Américains ont découvert les baleines peuplant les eaux arctiques. L'industrie de la chasse à la baleine s'est poursuivie une centaine d'années, jusqu'à ce que les baleines aient presque toutes disparu.

Le fanon des baleines boréales servait à faire des **corsets** pour femmes et des fouets d'attelage. On faisait bouillir le blanc de baleine, une sorte de graisse, pour fabriquer du combustible pour les lampes, du savon et de la peinture.

Quand la population de baleines boréales a commencé à diminuer, les baleiniers se sont mis à chasser les bélugas et les narvals, jusqu'à ce que ceux-ci deviennent rares à leur tour.

Des peaux de renards sont suspendues à l'extérieur d'un poste de traite.

À qui appartient l'Arctique?

Depuis 1670, le sud du Nunavut faisait partie de la Terre de Rupert, une vaste région appartenant à la Compagnie de la Baie d'Hudson, spécialisée dans le commerce des fourrures. Dans les postes de traite, les trappeurs autochtones et européens échangeaient des peaux d'animaux, comme le castor et le vison, contre des couvertures et des outils en métal.

Les secteurs situés à l'ouest de la Terre de Rupert portaient le nom de Territoire du Nord-Ouest et englobaient les îles de l'Arctique et la majorité de la zone continentale. En 1870, les territoires appartenant aux compagnies de traite sont passés aux mains du gouvernement canadien. La totalité du Nunavut a alors été intégrée aux Territoires du Nord-Ouest, à l'exception du Haut-Arctique, que la Grande-Bretagne a cédé au Canada en 1880.

Les chutes Bloody

Les explorateurs œuvrant dans le commerce des fourrures ont eux aussi tenté de trouver le passage du Nord-Ouest. En 1771, Samuel Hearne a été le premier Européen à atteindre l'océan Arctique par voie de terre. Parti du Manitoba, il a voyagé vers le nord en compagnie de guides dénés, en traversant les Territoires du Nord-Ouest et le Nunavut et en longeant la rivière Coppermine jusqu'à l'océan Arctique. À environ 15 kilomètres de leur destination, les **Dénés**, les ennemis traditionnels des Inuits, ont massacré un campement d'Inuits locaux. Hearne a baptisé le lieu du **massacre** les chutes Bloody (sanglantes).

Les chutes Bloody sont une série de rapides situés près de l'embouchure de la rivière Coppermine. Aujourd'hui, ce lieu fait partie du parc territorial Kugluk et est un lieu historique national.

Les postes de traite de l'Arctique

Vers la fin de la chasse à la baleine dans l'Arctique, les peaux de renard arctique sont devenues populaires. Les Inuits ont alors eu une nouvelle marchandise à échanger. Au début des années 1900, la Compagnie de la Baie d'Hudson a établi des postes de traite dans l'Arctique pour les fourrures de renard arctique et d'ours polaire, les peaux de phoque et de morse et les défenses de narval.

On a incité les Inuits à travailler pour la compagnie. Ils échangeaient ces marchandises contre des fusils et des outils en métal, du coton, de la farine, du thé et du sucre.

Sur cette photo de 1937, un chasseur inuit échange des peaux d'animaux contre des marchandises apportées du Sud.

Des écoles missionnaires, comme l'École missionnaire de l'Église anglicane, à Arviat, étaient dirigées par des missionnaires venus du Sud.

En 1903, pour prendre le contrôle de la région, le gouvernement canadien a envoyé la Gendarmerie royale du Canada dans l'Arctique. Les agents se rendaient dans les postes de traite et les camps inuits pour aviser les gens qu'ils vivaient au Canada.

Une vie qui change

Les baleiniers d'abord, puis les marchands de fourrures, ont apporté de grands changements au mode de vie des Inuits. Ceux-ci ne pouvaient plus vivre uniquement de la terre comme le faisaient leurs ancêtres. Ils dépendaient désormais du commerce.

Les **missionnaires**, venus dans l'Arctique avec les baleiniers et les marchands de fourrures, ont sympathisé avec les Inuits. Ils en ont converti beaucoup au christianisme et les ont convaincus d'abandonner leurs anciennes croyances. Ils ont aussi installé des écoles et des centres médicaux.

Guerre et travail

Durant la **Seconde Guerre mondiale**, on a construit une base militaire américaine à Iqaluit. On a embauché les Inuits locaux pour bâtir une piste d'atterrissage. De là, on envoyait le matériel militaire vers l'Europe où se déroulait le conflit.

Lorsque la guerre a pris fin, les États-Unis et le Canada étaient devenus ennemis de l'Union soviétique. Craignant une attaque, les deux pays ont installé un réseau de stations **radars** et de terrains d'aviation d'un bout à l'autre de l'Arctique, de l'île de Baffin jusqu'en Alaska. Ce réseau de détection lointaine avancée s'appelait ligne DEW (Distant Early Warning). Beaucoup d'Inuits ont abandonné le piégeage et la chasse et se sont plutôt tournés vers un emploi. Les emplois apparaissaient et disparaissaient. Une mine de nickel a ouvert à Rankin Inlet et des Inuits se sont installés à proximité pour y travailler. Cependant, en 1962, la mine a fermé et beaucoup d'Inuits se sont retrouvés, une fois de plus, sans emploi.

Mesure gouvernementale

Dans les années 1950, le gouvernement canadien a tenté de changer la vie des Inuits. Il a construit des maisons, des écoles et des hôpitaux, et a incité tous les Inuits à abandonner leur vie traditionnelle.

Dans les années 1960, on a mis sur pied des **coopératives** destinées à vendre les œuvres d'art et l'artisanat inuits dans le Sud. Après la découverte de pétrole en Alaska, l'exploration de l'Arctique canadien a débuté à son tour. Des **activistes** inuits ont commencé à réclamer leurs droits territoriaux et à prendre conscience de la perte de leurs traditions. Ils ont fait pression sur le gouvernement canadien pour faire reconnaître leurs droits sur le territoire et sur ses **ressources**.

Un nouveau territoire

En 1982, les habitants des Territoires du Nord-Ouest ont voté en faveur d'un territoire inuit dans l'est. Le 9 juillet 1993, un accord sur les **revendications territoriales** a été signé avec le gouvernement canadien. On commémore cet accord chaque année le jour de la fête du Nunavut.

Le Nunavut est devenu le territoire le plus récent du Canada en 1999.

Chapitre 3
La chasse

Traditionnellement, les Inuits utilisaient toutes les parties d'un animal chassé. La peau servait à faire des vêtements et des tentes et la graisse, comme le blanc de baleine, fournissait l'huile de chauffage ou de cuisson. Avec les os et les défenses en ivoire, on fabriquait des outils.

La peau de phoque sert encore aujourd'hui comme toile de tente dans les camps de chasse d'été, comme celui-ci à Cape Dorset, sur l'île de Baffin. Un *ulu* (à droite) est un outil traditionnel utilisé pour gratter les peaux d'animaux.

Les chasseurs de phoques utilisaient des harpons faits de bois flotté et d'os d'animaux.

La chasse au phoque

Le phoque a toujours été l'un des animaux les plus importants pour les Inuits. Ils le chassent toute l'année.

Traditionnellement, les chasseurs attendaient près des trous de respiration présents dans la glace, puis harponnaient les phoques qui venaient y reprendre leur souffle. En eau libre, ils se servaient d'un harpon muni d'un flotteur, fait d'une vessie ou d'une peau de phoque, pour empêcher le phoque harponné de plonger dans l'eau. De nos jours, les chasseurs utilisent des fusils, ainsi que des harpons en bois et en métal.

Les habitations d'hiver

Les habitations d'hiver traditionnelles étaient des maisons de neige appelées *igluit* ou igloos. Ceux-ci étaient faits de blocs sculptés dans la neige dure. Certains comportaient deux pièces : une où vivait la famille, et l'autre qui servait à conserver la viande et les provisions.

Durant les longs hivers arctiques, les Inuits passaient beaucoup de temps ensemble à l'intérieur, à jouer à des jeux et à raconter des histoires. Le jour, les lampes à l'huile de phoque et la chaleur humaine faisaient fondre les murs intérieurs. La nuit, quand les lampes étaient éteintes et que tous les occupants s'étaient glissés dans leurs sacs de couchage en caribou, les murs regelaient. Ce dégel et ce regel constants renforçaient les murs de l'igloo.

Les *inuksuit*

Dans la toundra arctique, il existe peu de repères géographiques. Pour indiquer un chemin ou communiquer des renseignements sur un lieu de chasse, les Inuits construisaient des *inuksuit*. Ces grandes constructions de pierres empilées dominent encore le paysage arctique. Certains ont été construits comme monument funéraire pour les gens décédés à proximité.

Chaque année, les caribous migrent vers leurs terrains de mise bas. Ce troupeau traverse la vallée de la rivière Meliadine, près de Rankin Inlet.

La chasse au caribou

Au printemps, en été et à l'automne, les Inuits vivaient dans des tentes recouvertes de peaux d'animaux. Ils chassaient le bœuf musqué et le caribou, en été.

Pour chasser le caribou, on construisait des *inuksuit* ayant des formes humaines. Appelées *inunnguat*, ces tours de pierres, bâties sur le bord d'une rivière ou d'un lac situés sur la route de migration des caribous, servaient à détourner ceux-ci vers l'eau. Étant beaucoup plus lents dans l'eau que sur terre, les caribous devenaient des cibles plus faciles pour les chasseurs en kayaks. On rassemblait aussi les caribous dans des espaces étroits au moyen de murs de pierres, derrière lesquels se cachaient les chasseurs.

Les Inuits se construisaient deux types d'embarcations : le kayak, étroit et à une place, et l'umiak, plus grand, pour transporter les gens et les provisions d'un camp à un autre et pour chasser la baleine.

La pêche

En été, les Inuits pratiquaient la pêche à fascines dans les ruisseaux et les rivières. Les fascines sont des barrages de pierres permettant de détourner le poisson vers des eaux peu profondes, où ils sont plus faciles à pêcher au moyen de foènes. On

fabriquait une foène, appelée *kakivak*, en attachant à une perche trois pointes de bois de caribou. Les pointes extérieures retenaient le poisson tandis que la pointe du milieu le transperçait.

Un homme utilise une foène pour pêcher l'omble chevalier.

Chapitre 4

Vivre dans l'Arctique

De nos jours, on évalue la chasse au caribou et au phoque, ainsi que la pêche, à 30 à 50 millions de dollars, au Nunavut. Cependant, cette somme ne provient pas de la vente des produits ou des peaux. Elle correspond plutôt au montant d'argent que les Inuits devraient payer pour remplacer cette source de nourriture traditionnelle par des aliments et des marchandises venus du Sud.

Les aliments sauvages, comme le phoque, coûtent beaucoup moins cher que les aliments qu'on doit apporter ici.

À un camp de pêche d'été inuit, un chasseur suspend des filets d'omble chevalier pour les faire sécher.

Les coûts de transport

Le Nunavut est un lieu très isolé, éloigné de presque tout. Le sol est trop froid et sec pour les cultures. Tout ce qui se vend dans les magasins est apporté ici en bateau ou en avion. Les coûts de transport augmentent le prix des marchandises achetées au Nunavut, qui sont trois ou quatre fois plus chères qu'ailleurs au Canada. Un carton de jus d'orange coûte plus de 10 $!

Dans une épicerie de Baker Lake, des femmes inuites achètent des aliments apportés du Sud.

Des touristes en manteaux et bottes en peau de phoque se reposent sur un traîneau. Le tourisme est une source de revenus importante dans le Nord.

Travailler

De nombreux Nunavois travaillent dans l'industrie des services. Le gouvernement est leur plus gros employeur. Les gens travaillent comme politiciens, policiers, enseignants, infirmiers et médecins.

La plupart des Nunavois ne reçoivent un salaire qu'une partie de l'année en travaillant dans la pêche, le bâtiment et la chasse. Certains chasseurs et pêcheurs vendent leurs produits localement.

Le tourisme est une autre industrie de services procurant aux gens des emplois saisonniers. Des voyagistes tiennent des chalets de chasse et de pêche ou bien emmènent les visiteurs sur les terres. Le tourisme crée aussi des emplois dans les restaurants et les hôtels.

Exploitation minière

Des minéraux valant des milliards de dollars gisent dans le sol du Nunavut. Plomb, zinc, or, uranium et diamant sont tous extraits dans ce territoire.

Les emplois dans l'industrie minière apparaissent et disparaissent rapidement. L'une des premières mines du Nunavut était une mine de mica, située à Kimmirut et exploitée de 1900 à 1913. Des mineurs inuits et écossais y travaillaient. La mine de zinc et de plomb Polaris, sur l'île Cornwallis, près de Resolute, a ouvert en 1980 et fermé en 2002. C'était la mine métallique la plus nordique du monde. En 2006, la mine de diamant Jericho a ouvert, mais elle a fermé en 2008. On s'applique à embaucher le plus de gens du Nord que possible dans les mines.

Un engin lourd creuse le sol à la mine de diamant Jericho. La première mine de diamant du Nunavut a fermé deux ans après son ouverture.

Arts et artisanat

Aujourd'hui, presque la moitié des ménages inuits gagnent de l'argent grâce aux arts et à l'artisanat. Les objets sont en général réalisés à la maison, puis apportés à une coopérative qui les vend à des collectionneurs et des galeries du Sud.

Les premières œuvres d'art des Inuits étaient des sculptures faites de matériaux tendres, tels fanons de baleine, bois d'animaux et ivoire. On utilisait aussi la **stéatite** parce qu'elle était tendre et donc facile à sculpter. Les sculptures illustraient des scènes de chasse, des personnages ou des animaux.

Grâce aux outils modernes en métal, les artisans inuits créent désormais leurs sculptures dans des matériaux plus durs, comme la serpentine, le basalte, le marbre ou le quartz, selon ce qu'ils ont à leur portée.

Des gravures illustrant des légendes ou des scènes de la vie dans l'Arctique se vendent aussi dans les galeries du Sud.

L'industrie de la pêche

L'omble chevalier est le poisson d'eau douce le plus nordique du monde; on le trouve aussi loin que sur l'île d'Ellesmere. Après l'avoir attrapé, les pêcheurs l'apportent à des usines de transformation situées à Cambridge Bay, Rankin Inlet, Pangnirtung ou Iqaluit. Là, on lui enlève la peau et on le congèle. Chaque jour, des avions en partance du Nunavut livrent le poisson à des marchés dans toute l'Amérique du Nord. Une autre pêche importante en haute mer permet de capturer des crevettes et du turbot. Les crevettes sont congelées et envoyées par avion en Europe et au Japon.

L'omble chevalier fait partie de l'alimentation des Inuits depuis des milliers d'années.

Pétrole et gaz

Le Nunavut possède presque un quart des réserves de gaz naturel du Canada et environ 10 % de son pétrole. Le climat du Nunavut rend l'extraction de ces ressources difficile. Il faut de l'équipement spécial pour creuser le sol gelé et pour résister à la force de la glace de mer écrasante, en haute mer. La glace de mer cause aussi un problème pour l'expédition des **combustibles fossiles**. Les réserves de combustibles les plus grandes sont celles du Bassin de Sverdrup, juste à l'ouest de l'île Axel Heiberg.

Chapitre 5
La culture inuite aujourd'hui

Aujourd'hui, la plupart des Inuits vivent dans l'une des 26 collectivités du territoire. Les collectivités sont très éloignées les unes des autres et sont situées sur les côtes, à l'exception de Baker Lake. Chacune d'elles possède une piste d'atterrissage et un port. Les plus grandes sont Iqaluit, Rankin Inlet et Arviat.

Se déplacer

Il y a peu de routes au Nunavut. La plupart des gens conduisent un véhicule tout-terrain. En hiver, les habitants se déplacent sur la neige en motoneige ou en camion. Pour se rendre d'une collectivité à une autre, les gens prennent les vols réguliers ou bien **affrètent** un avion.

Au Nunavut, tous les immeubles sont surélevés. Même les conduites d'eau et de combustible, ainsi que les fils électriques, sont placés au-dessus du sol.

Les traîneaux à chiens

Le chien inuit canadien est l'animal officiel du
Nunavut. Des équipes de chiens tirent un traîneau
appelé *qamutiik*. Traditionnellement, les traîneaux
étaient faits de bois flotté, d'os d'animaux et
d'ivoire. Aujourd'hui, les motoneiges ont presque
entièrement remplacé les traîneaux à chiens.
Cependant beaucoup de gens s'en servent encore
pour le sport; d'autres gardent des chiens de
traîneau comme animaux domestiques.

Langue et enseignement

Le Nunavut a trois langues officielles : le français, l'anglais et l'inuktitut. L'inuktitut est la langue parlée couramment. Certains cours, à l'école, sont enseignés en inuktitut et cette langue est parlée à la radio. L'inuktitut s'écrit à l'aide de symboles qui représentent des syllabes.

Certains congés scolaires sont prévus au printemps et à l'automne, à l'époque de la chasse. Les aînés sont invités dans les classes pour enseigner aux enfants les coutumes anciennes. Le mot inuit *Qaujimajatuqangit* signifie « savoir ancestral ». Les aînés enseignent aux plus jeunes comment être des membres d'une communauté et travailler ensemble, utiliser les ressources disponibles pour résoudre un problème et vivre de la terre et la respecter. Ces principes reposent sur le mode de vie inuit traditionnel.

Les aliments traditionnels

L'alimentation inuite traditionnelle se compose de caribou, baleine, phoque, morse et canard, d'omble chevalier et de baies. Les Inuits partagent les produits qu'ils chassent et pêchent avec les autres. Dans les plus grandes collectivités, comme Iqaluit, on peut acheter des aliments traditionnels. Il existe même des collations d'aliments traditionnels, comme du *muktaaq*, des morceaux de peau de baleine crue, recouverte d'une fine couche de graisse. Le charqui de caribou est une viande séchée et dure. La crème glacée inuite n'a rien à voir avec de la crème glacée. Elle se compose de graisse de caribou fondue, de viande et de sel, qu'on fait cuire, puis congeler.

Le *muktaaq* est cru et se mange frais ou congelé.

Les sports arctiques

En général, les sports inuits traditionnels sont un défi individuel ou incluent deux personnes, et ils nécessitent peu de matériel. Beaucoup sont des épreuves de force qui étaient utiles à une certaine époque pour la survie. Le tir au poignet, la traction du bras et le toucher sur une main exigent tous force et maîtrise de soi. Dans le coup de pied en hauteur, on doit sauter à environ trois mètres de haut pour toucher une cible suspendue en l'air. D'autres jeux inuits sont notamment le saut sur les poings fermés ou la lutte corps à corps. Les athlètes pratiquent ces activités à l'occasion des Jeux nordiques annuels ou des Jeux d'hiver de l'Arctique.

Un athlète nunavois s'étire pour atteindre un petit phoque factice, durant la compétition de coup de pied en hauteur d'Alaska, lors des Jeux d'hiver de l'Arctique.

Chapitre 6
De quoi être fiers

▶ La base militaire d'Alert, à la pointe de l'île d'Ellesmere, est l'établissement permanent le plus nordique au monde. Elle a été construite dans les années 1950, comme station météorologique. En 2006, cinq personnes y vivaient.

▶ La chanteuse Tanya Tagaq Gillis, de Cambridge Bay, est connue dans le monde entier pour ses chants de gorge, des suites de sons rythmiques, traditionnellement exécutées par deux femmes comme jeu vocal.

▶ Lake Baker est le centre géographique du Canada.

▶ Susan Aglukark est une chanteuse et compositrice célèbre, originaire d'Arviat. Dans ses chansons, elle utilise des paroles en anglais et des chants en inuktitut.

▶ Peter Pitseolak était un photographe réputé. Il a pris plus de 2 000 photos de la vie inuite. Sur une période de 20 ans, il a témoigné des changements du mode de vie dans le Nord.

▶ Cape Dorset est la capitale de l'art inuit. Les artistes de cette collectivité d'un peu plus de 1 200 habitants, située à la pointe sud de l'île de Baffin, ont réalisé plus de 50 000 gravures illustrant la vie inuite. L'œuvre de l'artiste Kenojuak Ashevak a été reproduite sur un 25 cents et un timbre canadiens.

Glossaire

activistes : Personnes qui mènent une campagne pour apporter des changements sociaux ou politiques.

affrèter : Prendre en location un avion pour un vol particulier.

colonie : Nouvel établissement contrôlé par un autre pays.

combustibles fossiles : Composés de pétrole ou de gaz naturel formés de restes de plantes et d'animaux qui vivaient il y a longtemps.

coopératives : Entreprises appartenant à leurs membres et gérées par eux.

corsets : Sous-vêtements féminins destinés à modeler le buste.

Dénés : Peuple autochtone du nord du Canada, qui parle une langue athapaskane.

glaciers : Masses de neige et de glace compactées se déplaçant lentement.

immunité : Résistance à une maladie ou à une infection.

massacre : Tuerie d'un grand nombre de personnes.

migrateurs : Qualifie des animaux qui changent de lieu de vie en fonction des saisons.

missionnaires : Membres d'un groupe religieux, envoyés pour répandre leur religion.

période glaciaire : Période de l'histoire où la plus grande partie de la Terre était recouverte de glace.

précipitations : Pluie, neige ou granules de glace.

radar : Système électromagnétique servant à détecter la présence d'un objet ou sa distance.

ressources : Réserves de minéraux, de combustibles fossiles, d'arbres et d'animaux, présentes dans une région géographique.

revendications territoriales : Action de s'adresser à une autorité pour faire reconnaître un droit de propriété sur un territoire.

Seconde Guerre mondiale : Conflit international (1939-1945) qui s'est propagé en Europe, en Afrique du Nord, en Asie du Sud-Est et dans le Pacifique Ouest et qui a coûté la vie à environ 55 millions de personnes.

stéatite : Roche tendre qu'on peut sculpter facilement.